CONTES

DES FÉES

PAR

ROBERT DE BONNIÈRES

CHARAVAY FRÈRES ÉDITEURS

Paris   1881

CONTES

DES FÉES

CONTES

DES FÉES

PAR

ROBERT DE BONNIÈRES

CHAMEROT FRÈRES ÉDITEURS

Paris   1881

CONTES

DES FÉES

PAR

ROBERT DE BONNIÈRES

CHARAVAY FRÈRES ÉDITEURS

Paris   1881

INTRODUCTION

INTRODUCTION

En ce temps-là vivaient le Roi Charmant,

Serpentin-Vert et Florine ma-mie,

Et, dans sa tour pour cent ans endormie,

Dormait encor la Belle-au-Bois-Dormant.

C'était le temps des palais de féerie,

De l'Oiseau Bleu, des Pantoufles de vair,

Des longs récits dans les longs soirs d'hiver :

Moins sots que nous y croyaient, je vous prie.

LE ROSIER ENCHANTÉ

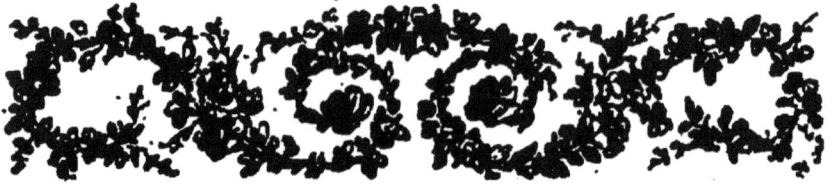

LE

ROSIER ENCHANTÉ

COMMENT UNE GENTILLE FÉE ÉTAIT RETENUE DANS UN
ROSIER, ET COMMENT ELLE OFFRIT SON
AMOUR A JEANNOT

Jeannot, un soir, cheminait dans le bois
Et regagnait la maison d'un pied leste,
Lorsqu'une Voix, qui lui parut céleste,
L'arrêta net :

    — « Jeannot ! » disait la Voix.

Qui fut surpris? Dame! ce fut notre homme.
Il ne s'était aucunement douté
Qu'il cheminait dans le Bois Enchanté.
S'il n'avait peur, ma foi! c'était tout comme.

Il demeura tout sot et tout transi.

— « Jeannot, mon bon Jeannot! » redisait-elle.

Il n'était pas, certe, une voix mortelle
Charmante assez pour supplier ainsi.

Or, en ce lieu, poussait plus haut qu'un orme
Un Rosier d'or aux roses de rubis.
Le paysan eût eu mille brebis
D'un seul fleuron de ce rosier énorme.

La Voix partait de ces rameaux touffus,
Car il y vit une gentille Fée,
De diamants et de perles coiffée.
Jeannot tira son bonnet, tout confus.

— « Jeannot, je veux te conter ma misère, »
Dit-elle; « écoute et remets ton bonnet.
« Je te demande une chose qui n'est
« Que trop plaisante à tout amant sincère. »

Le jeune gars écarquillait les yeux,
Comme en extase, et restait tout oreille.
Il n'avait vu jamais beauté pareille,
Ni de fichu d'argent aussi soyeux.
La Fée était belle en beauté parfaite,
Rare, en effet, et mignonne à ravir,
Tant, qu'à jamais, pour l'aimer et servir,
Je n'en voudrais pour moi qu'une ainsi faite !

— « Mon bon Jeannot, aime-moi seulement, »
Reprit la Fée; « il n'est point de tendresses
« Et de baisers et de bonnes caresses,
« Que je ne fasse à mon fidèle amant.
« Aime-moi bien, puisque je suis jolie,
« Aime-moi bien aussi, pour ma bonté.
« Je suis liée à cet arbre enchanté :

« Romps, en m'aimant, le charme qui me lie. »

« Je ne dis non, » fit l'autre, « et je m'en vais
« Tout droit conter notre cas à ma mère.
« Conseil ne nuit : l'on cueille pomme amère
« Sans que pourtant le pommier soit mauvais. »

Il fut conter la chose toute telle,
Riant, pleurant, amoureux et dispos.
Du coup, sa Mère en laissa choir deux pots
Qu'elle tenait.

                — « Eh ! mon gars, » lui dit-elle,
« Fais à ton gré. Ce nous est grand honneur.
« Va, mon garçon, et pousse l'aventure.
« Nous aurons gens, malgré notre roture,
« Pour nous donner bientôt du Monseigneur ! »

Elle rêvait déjà vaisselle plate,
Non plus salé, mais belle venaison,
Vin en tonneaux et le linge à foison,

Cotte de soie et robe d'écarlate.

Jeannot courut.

       L'aurore jusqu'aux cieux
Avait poussé sa lueur roselée ;
La Fée était bel et bien envolée
Et tout le Bois rose et silencieux.

MORALITÉ

Ne tardez pas, quand l'heure heureuse sonne,
Gentils amants. Aimez-vous sans façon.

Le bel Amour n'a besoin de leçon,
Le bel Amour ne consulte personne.

BELLE-MIGNONNE

BELLE-MIGNONNE

I

COMMENT BELLE-MIGNONNE AIMA LE PAGE PARFAIT
AU DÉTRIMENT DE BEAUX FILS DE ROIS

L'Infante avait seize printemps,
Dont je vous veux conter la vie.
La légende que j'ai suivie
Fait régner son père du temps
Que l'histoire n'était écrite ;
Il n'importe. Mais je voudrais

Faire aimer ses gentils attraits
Selon leur grâce et leur mérite.

Belle-Mignonne était son nom :
Ce nom, s'il faut que j'en raisonne,
Venait de ce que sa personne
N'avait trait qui ne fut mignon.
Parmi les plus belles merveilles,
Il n'était point telle beauté,
Tant que chaque Prince invité
N'avait plus que soucis et veilles.
Ils amenaient de grands présents
En or, joyaux et haquenées,
En étoffes bien façonnées,
En santal, myrrhe et grains d'encens,
Ce qui faisait bien mieux l'affaire
Du Roi que les maigres cadeaux
Qu'en sonnets, dizains et rondeaux,
Les Poètes lui venaient faire.

Parmi tous ces beaux fils de Roi,

Etait un pauvre petit page;
Il n'avait aucun équipage,
Or, ni joyaux, ni palefroi :
Le rang ne vaut âme bien faite.
Son nom de page était Parfait,
De ce que son âme, en effet,
Comme sa mine, était parfaite.

L'Infante l'aimait en secret,
Bien qu'encore aucune parole,
Bouquet parlant ou banderole
Eût assuré l'amant discret,
Et notre amant, mélancolique,
D'autre part, ne pouvait oser
A si grande Dame exposer
Sa très amoureuse supplique.
Ils faisaient pourtant de grands vœux,
Ne voulant qu'être unis ensemble.
Tout en n'avouant rien, ce semble,
Ne peut-on compter pour aveux
Rougeur et trouble en l'attitude

Qui ne trompe le bien-aimé,

Et par coup d'œil à point nommé

Leur bienheureuse inquiétude?

II

COMMENT BELLE-MIGNONNE AVAIT EU DE SA MARRAINE LE DON DE FAIRE NAITRE DES FLEURS SOUS SES PAS AUSSITOT QU'ELLE AIMERAIT

Sachez, sans aller plus avant,

Que Mignonne eut à sa naissance,

D'une Fée, unique en puissance,

En magie et charme savant,

Le joli don de faire naître,

Sous ses pas, des fleurs à foison,

En tout temps et toute saison,

Quand Amour se ferait connaitre.
Notre Marraine avait été
Malicieuse autant que bonne,
En cela contraire à Sorbonne,
Qui n'a malice ni bonté.

Il advint, comme bien on pense,
Qu'à son fait, petit à petit,
Leur même désir aboutit,
Et qu'Amour eut sa récompense :
Le page reçut, un beau jour,
Un message de sa maîtresse,
Qui lui mandait, par lettre expresse,
De l'attendre au pied de sa tour,
Qu'elle descendrait à sa vue,
Et que le soir même elle irait,
Avec le Page, où Dieu voudrait,
Et de son seul amour pourvue.
Dans un pli de satin léger
L'Infante enferma son message,
Et quelque linot de passage

Fut au Page bon messager.

La rencontre eut lieu, j'imagine.
Et, cette nuit-là, par les champs
Il fut dit bien des mots touchants,
Et bien baisé deux mains d'hermine.
— Laissons-les, où qu'ils soient allés :
Dès l'aube, une route fleurie
Vers nos amants, en ma féerie,
Nous conduira, si vous voulez ;
Car le don que de sa Marraine
Eut Belle-Mignonne en naissant
Fit que ses pieds allaient traçant
Un beau chemin de fleurs, sans graine.

Chacun de ses pas amoureux
Avait fait naître œillets, pervenches,
Roses roses, rouges et blanches.
Pavots divers et lys nombreux,
Et naître mauves, paquerettes,
Herbe aux perles, reines des prés,

Hyacinthes, glaïeuls pourprés,

Folle avoine aux folles aigrettes,

Et naître encore serpolets,

Muguets, sauges et véroniques,

Pivoines aux rouges tuniques,

Soleils d'or, iris violets,

Et roselettes centaurées,

Basilics aux parfums troublants,

Menthes, liserons bleus ou blancs

Et belles-de-nuit azurées,

— Et, s'il fallait dire en tout point

Les fleurs qu'elle avait fait éclore,

Pas plus que les jardins de Flore,

Mon jardin n'y suffirait point.

➤ III ◆

COMMENT LE ROI ET LA COUR SUIVIRENT LES AMANTS
A LA TRACE ET DÉCOUVRIRENT UN CHATEAU
DE FLEURS AU LIEU DE FORET

Quand les servantes éveillées
Virent jusqu'aux horizons bleus
Ce beau chemin miraculeux,
Du haut des tours ensoleillées,

En hâte, aux Dames du palais
Elles furent conter la chose,
Et les Princes, pour même cause,
Furent cherchés par leurs valets.

Ce fut un grand remue-ménage
Dans le château, jusqu'à ce point
Qu'ayant mis son plus beau pourpoint,
Le Roi fut du pèlerinage.

La Cour entière par les prés
Marchait en bel ordre à sa suite,
Suivant nos amants et leur fuite
En tous ses détours diaprés.

La surprise était infinie
De ce que ce nouveau printemps
Foisonnât de fleurs dans le temps
Qu'il n'est aux champs qu'herbe jaunie.

Or cet admirable chemin
Menait à la forêt prochaine :
Il n'était charme, orme, if ou chêne
Qui ne fût tendu de jasmin,
De chèvre-feuille, de glycine,
De vigne vierge et d'autres fleurs,
Mélant et tramant leurs couleurs,
D'une branche à l'autre voisine.
Tant et si bien, qu'en ces beaux lieux
Ce n'est plus, comme en l'entourage,
Forêt d'automne sans ombrage,
Mais plutôt palais merveilleux,
Aux murs faits de branches taillées,
Et bâtis de fleurs en arceaux
Où chantaient de rares Oiseaux,
Sur des corniches de feuillées.

De leurs cent voix, l'écho chanteur
Salua le Roi dès l'entrée,
Dont l'âme encor fut pénétrée
D'une même et fraiche senteur,
Laquelle était si bien formée
De tant de parfums différents,
Qu'à mon embarras je comprends
Qu'aucun auteur ne l'ait nommée.
Le Roi, du portail, pas à pas
Poussa jusques aux galeries
Où figuraient ses armoiries
De lys sur ne-m'oubliez-pas.
Il fut touché de cet hommage
De Fée à Monarque, d'autant
Que les Oiseaux allaient chantant
Ses hauts faits en humain ramage.

IV

COMMENT BELLE-MIGNONNE ET LE PAGE PARFAIT FURENT TROUVÉS L'UN PRÈS DE L'AUTRE ENDORMIS

Les Oiseaux avaient leur secret
Qui le précédaient par volée,
Le menant d'allée en allée,
De salon en grotte et retrait.
Toute la noble multitude
Cueillait des fleurs, chemin faisant,
Et l'on parvint, en devisant
De solitude en solitude,
Jusqu'à l'Antre d'or où, parmi
Des fleurs plus blanches que nature,
Mignonne, en belle créature,
Dormait près du Page endormi.

Le Roi ne contint sa colère
Devant ce spectacle nouveau :
Tel cas à son royal cerveau

Ne pouvait, vraiment, que déplaire.
Et tout, dans le premier moment,
En voyant ce tableau coupable.
Il aurait bien été capable
D'ordonner qu'on pendît l'amant.
N'était-ce point un pauvre sire,
N'ayant sou, ni maille, ni nom,
Si mince et petit compagnon
Qu'écuyer n'eut daigné l'occire !

Ils étaient pourtant beaux ainsi,
Tête contre tête penchée,
Chevelure en blonde jonchée,
Et bras enlacés à merci.
Ils souriaient, et dans leur rêve,
Aussi charmant qu'eux et léger,
Ils semblaient encor prolonger
L'heure aux amants toujours trop brève ;
Car ils balbutiaient entre eux
Des mots si doux de voix si tendre,
Qu'aux bois il n'est plus doux d'entendre

Ensemble ramiers amoureux.
— « Je vous aime, Belle-Mignonne ; »
— « Je vous aime, Page-Parfait ; »
Redisaient-ils. Amour de fait .
Autrement ni plus ne jargonne.

Le bel Amour n'a jamais tort.
Le Roi pouvait-il d'aventure
Empêcher que, contre nature,
Amant aimé fût le plus fort ?
Contre ouragan, feu, fer et flamme,
Contre vent, marée et fureurs,
Poisons, serpents, rois, empereurs,
Prévaut force aimante de l'âme.
Notre Roi donc, bien qu'à regret
Et bien qu'il perdit l'assurance
Des grands présents qu'en espérance
Chaque Prince à sa fille offrait
(Ce dont il faisait le décompte),
Consentit bien à les unir,
Ainsi qu'il devait advenir

De la façon que je raconte.

Tout bon courtisan approuva,

Quoiqu'il en eût de jalousie.

Il n'est royale fantaisie

Qu'on ne suive comme elle va :

Aussi fut-ce chants d'hymenée,

Fleurs en bouquets et compliments

Autour du réveil des amants

Et de leur grand'joie étonnée.

Les noces durèrent trois mois :

Il faudrait pour les conter telles

Les belles Muses immortelles

De Ronsard, le grand Vendomois.

Sachez seulement que la Reine

Et le Roi n'oublièrent pas

De faire prier au repas

La malicieuse Marraine.

MORALITÉ

Ce chemin de fleurs peut montrer,
Si ma fable vous embarrasse,
Qu'Amour laisse après soi sa trace ;
Et d'où je veux encor tirer
Qu'Amour est chose si fleurie,
Qu'il ne se peut longtemps cacher,
Ni ses belles fleurs empêcher
D'être telles qu'on s'en récrie.

SAUGE-FLEURIE

SAUGE-FLEURIE

I

COMMENT SAUGE-FLEURIE AIMA LE FILS DU ROI

Alors vivait sans crédit ni richesse
Une Fée humble et seule ; car il est
Des rangs parmi ces Dames, s'il vous plait,
Comme. chez nous, de vilaine à duchesse.
Bien qu'elle n'eût ni renom ni pouvoir
Et qu'elle fut pauvre en sa confrérie,
Pauvre jusqu'au besoin, Sauge-Fleurie

— Tel est son nom — était charmante à voir.

Au bord d'un lac tout fleuri de jonquilles,

Elle habitait le tronc d'un saule creux

Et ne quittait son réduit ténébreux

Plus que ne font les perles leurs coquilles.

Mais un beau jour que, chassant par le bois

Avec sa meute un superbe équipage,

Le fils du Roi menait à grand tapage

Du bois au lac un dix cors aux abois,

Pour voir les chiens et la belle poursuite

Et les pourpoints brillants des cavaliers,

Elle quitta son arbre, et des halliers

Voyait passer le Prince avec sa suite.

Le Fils du Roi, qui saluait déjà

(Car c'est de Fée à Prince assez l'usage)

En voyant mieux un si charmant visage,

S'arrêta court et la dévisagea.

Sauge, sans plus se cacher dans les branches,

En le voyant si beau, de son côté

Le regardait devant elle arrêté,

Droit dans les yeux de ses prunelles franches.

Naïf amour par pudeur s'enhardit :

Le Fils du Roi baissa les yeux par contre ;

Chacun s'en fut méditant la rencontre :

— Tous deux s'aimaient et ne s'étaient rien dit.

∻ II ≈

COMMENT UNE MAITRESSE-FÉE CONDAMNA

SAUGE-FLEURIE

Or tout se sait : une Maitresse-Fée

Fit donc venir Sauge à son tribunal.

Vêtue ainsi que l'oiseau cardinal,

La Vieille était d'aspics ébouriffée :

Elle était vieille, et par cela j'entends

Que de jeunesse elle était ennemie.

— On le va voir : — « Je veux, Sauge, ma mie,

« Te corriger, s'il en est encor temps, »

Lui dit la Vieille aigrement. « Sans mon zèle,

« Vous nous l'alliez donner belle à ravir

« Et par ma foi vous nous alliez servir

« Un joli plat d'amour, Mademoiselle.

« Passe un beau Sire et, sans plus de façons,

« Voilà mes gens amoureux face à face !

« Pardieu ! plutôt que la chose se fasse

« Je ferai pendre ici dix beaux garçons. »

Et ce disant en parut si méchante

Qu'elle eût fait peur même au Roi Très Chrétien.

Par sa beauté, sa grâce et son maintien,

Sauge-Fleurie était pourtant touchante.

Mais rien ne fait contre haine et pouvoir.

— « Il faudra bien que ton beau bec réponde,

« Car, sans chanter, il n'est poule qui ponde,

« Sauge ma mie — et je te vais pourvoir ! »

Je vous dirai, sans tarder davantage,

Si votre cœur s'intéresse à son sort,

Qu'aimer un homme était un cas de mort

Pour Sauge, esprit n'ayant chair en partage :
Ce que prouva la Vieille en un latin
Qui dépassait l'intellect en puissance,
Et distingua des cas de quintessence
A dérouter Sauge et l'abbé Cotin.

Sauge, pourtant, demeurait bouche close
Et de cela ne voulait seulement
Qu'aimer le Prince et mourir en l'aimant
Comme disait la Vieille avec sa glose.
Sans moi déjà vous avez pu songer
Qu'en cette affaire ayant la loi formelle
Et des aveux, notre juge femelle
Condamna Sauge, et sans rien ménager.
Et pensez bien que la Fée amoureuse
Ne marchanda son immortalité,
Et que du coup, comme on me l'a conté,
Elle s'en fut — plus que vivante heureuse ! *

* Voir la note à la fin du volume.

↣ III ↢

COMMENT SAUGE-FLEURIE ALLA TROUVER LE PRINCE
EN SON CHATEAU

Or nul pouvoir ne pouvait s'opposer,

Malgré l'arrêt de notre Vieille en rage,

Au libre emploi de son gentil courage

Non plus qu'au choix de son premier baiser.

— Sauge, à pied donc comme en pèlerinage,

Alla trouver le Prince en son château,

Et tout le long de la route un manteau

Rude et grossier cacha son personnage.

Elle arriva par la pluie et le vent,

Sur elle ayant laissé crever la nue ;

Et, si d'abord fut des gens méconnue,

Ne surprit point le Prince en arrivant.

— « Mon cœur, dit-il, vous attendait, Princesse ;

« Du bois au lac, je vous cherchais, ma Fleur,

« Et fatiguais du cri de ma douleur

« L'onde et le ciel, n'ayant repos ni cesse. »

— Et ce disant, il se prit à baiser
A deux genoux sa main mignonne et fine,
Et puis voulut sur l'heure à la Dauphine
Présenter Sauge avant de l'épouser :
Il lui fit faire un peu de belle flamme
Pour la sécher d'abord. Tant de beauté,
De naturel et de simplicité
En cet état le touchait jusqu'à l'âme.
Il fit venir perles, saphirs, rubis,
Bijoux montés et beaux luths de Vérone.
Il fit de même apporter la couronne
Et préparer des merveilleux habits.

❧ IV ❧

COMMENT SAUGE-FLEURIE FIT AU PRINCE UN NOBLE ET TOUCHANT DISCOURS

Sauge admira ces objets sans envie
Et dit :

    « Seigneur, les beaux jours sont comptés.

« Aimez-moi bien, et jamais ne doutez

« Du bel amour dont j'ai l'âme ravie.

« Est-il pour moi besoin de tant d'apprêt?

« N'aimez-vous point la belle solitude,

« Et des amants n'est-ce plus l'habitude

« De mieux s'aimer quand l'amour est secret?

« Restons ici sans plus, si bon vous semble ;

« Nos yeux pourront se parler à loisir,

« Et nous n'aurons de si charmant plaisir

« Que seul à seul à demeurer ensemble.

« Auprès de vous, je sens mon cœur léger ;

« Légère est l'heure aussi qui me convie —

« Et là, tout beau ! je vous donne ma vie.

« Prenez-la donc, mais sans m'interroger. »

Elle lui fit un généreux sourire
Ne regrettant ce qu'elle avait bien fait,
N'y songeant même. — Et son bonheur parfait
En mots humains ne se pourrait décrire.
— Amour et Mort sont toujours à l'affût :
Ne croyez pas que celle que je pleure
Fut épargnée.
             Elle sécha sur l'heure
Comme une fleur de sauge qu'elle fut.

MORALITÉ

Je compte peu qu'une femme ainsi m'aime
Jusqu'à mourir : ceci montre, pourtant,

Que pour aimer, ne fût-ce qu'en instant,

L'on brave tout, Madame, et la Mort même.

LES TROIS

PETITES PRINCESSES

LES TROIS

PETITES PRINCESSES

COMMENT TROIS BONNES FÉES FIRENT TROIS BEAUX DONS A TROIS PETITES PRINCESSES

Trois filles d'un Roi sarrazin,
Le même jour, furent priées
Et le même jour mariées
Aux trois fils d'un Prince voisin.
Elles eurent mêmes grossesses :
Au bout de neuf mois mêmement,

Il leur naquit, pareillement,
    Trois petites princesses.
Le Roi maure, dit le Conteur,
Fit proclamer leur délivrance
En Inde, en Perse et jusqu'en France,
Et dépêcha son enchanteur
Auprès de trois gentilles Fées
Qui, dans trois chars tendus d'orfrois,
Se présentèrent toutes trois,
D'aurore et de lune attiffées.
Après qu'il fut fait maint salut
Et que luth et lyre eurent cesse,
Chaque Fée à chaque Princesse
Fit le plus beau don qu'il lui plut.

A sa Princesse, la Première
Donna pour don qu'elle serait
Faite comme elle, trait pour trait,
Et plus Belle que la lumière.

— « Bien que soit richesse en honneur

« Chez les mortels, dit la Seconde,
« Mon don n'est perle de Golconde
« Mais belle perle de Bonheur. »

Vint la Troisième. — « Il est encore,
« Dit-elle, un don plus précieux ! »
En couvrant l'enfant jusqu'aux yeux
D'un suaire tissé d'aurore.
En faisant ce don, elle était
Si bonne, si douce et si tendre,
Qu'on ne se lassa pas d'attendre
Le grand bien qu'elle promettait.
Grand bien n'est pas ce qu'on présente
Souvent pour tel ; car là, tout beau !
On mit la petite au tombeau,
Qui mourut à l'aube naissante.

MORALITÉ

Mieux que Bonheur et Beaux Appas
Vaut la Mort, pour ce qu'est la Vie :
Ne la plaignez : Qui ne l'envie
Ne vécut et ne m'entend pas.

LE PETIT

CASTEL DE CIRE

LE PETIT

CASTEL DE CIRE

I

COMMENT ROSE-ROSE AVAIT LE DON D'ENTENDRE LE
LANGAGE DES ABEILLES, CE QU'EXPOSE L'AUTEUR
EN MANIÈRE D'INTRODUCTION

Parmi tous les dons de vertu,
De beauté, de grâce et décence
Que Rose-Rose, à sa naissance,

Eut d'une Fée, elle avait eu
Le don d'entendre sans étude
Les Abeilles en leurs fredons,
Aussi bien que nous entendons
Le bon français par habitude.
Et grâce à ce rare savoir,
Elle avait sur le Roi, son père,
Pour gouverner l'État prospère,
Tout crédit, conseil et pouvoir :
L'hiver n'empêchait pas les roses
D'éclore en ces temps merveilleux,
Et les Abeilles en tous lieux
En savaient long sur toutes choses.

Ceci n'est qu'un conte amoureux
Que je dédie aux cœurs fidèles.
Aimez seulement mes modèles
Aussi bien que je fais pour eux.

❧ II ❧

COMMENT ROSE-ROSE ET MYRTIL EURENT UN SONGE

SEMBLABLE, ET DES PROPOS QUE ROSE-ROSE EUT

AVEC LES ABEILLES

Rose-Rose, à peine éveillée,

Dès la première aube appela

Ses femmes, et ce matin-là,

De blanc voulut être habillée :

Elle fut donc vêtue ainsi

Que sont les blanches fiancées.

Mais nul ne savait ses pensées.

L'amour n'avait pu jusqu'ici

Troubler une dame aussi sage.

On assurait qu'il n'était point

De prétendant qui, sur ce point,

Eût vu rougir son beau visage.

Quand on eut peigné ses cheveux,

Plus blonds qu'une moisson dorée,

Et qu'elle fut ainsi parée

Et belle assez selon ses vœux,

Elle fit, contre l'habitude,
Éloigner ses Dames d'honneur,
Comme si son secret bonheur
S'augmentait de sa solitude.

Elle s'en fut seule au jardin
Pour causer avec les Abeilles.
— Des parterres et des corbeilles,
Des bosquets, des gazons, soudain
Toutes s'empressèrent vers elle,
Et par mille souhaits charmants,
Grâces, bonjours et compliments,
Lui témoignèrent de leur zèle.
Après tous ces gentils discours,
Prenant sa voix la plus menue,
Rose leur dit : — « Je suis venue
« Vous demander aide et secours ;
« Et tout d'abord je vous rends grâce
« De ce que vous ne m'avez fait
« Encor défaut d'aucun bienfait :
« Voici le cas qui m'embarrasse.

« J'aime un Prince que je n'ai vu

« Qu'en songe encor, cette nuit même ;

« Rien ne m'est plus, sinon qu'il m'aime

« Et qu'il m'a prise au dépourvu.

« Amour donc jamais ne nous laisse

« Sans aimer, car je ne suis plus,

« Malgré mes dédains résolus,

« Que joie, espoir, trouble et faiblesse !

— « Le lieu de mon songe était tel,

« Que je vis en cette aventure

« Ce même jardin en peinture,

« Ces fleurs et ce petit Castel

« Que vous m'avez sur la colline

« Tout bâti de cire, au dessus

« Du petit lac aux bords moussus

« Et de ce jardin qui décline.

« Ce fut là qu'il me vint chercher

« Et me put expliquer sa flamme

« En mots si vrais, que jusqu'à l'âme

« Son bel amour me sut toucher :

« Et comme en un miroir immense

« Je me voyais lui souriant

« Et lui de même me priant

« Tout obtenir de ma clémence.

— « Je suis fils de Roi, disait-il,

« Et je veux vous aimer sans cesse.

« Vous pouvez, sans honte, Princesse,

« M'aimer aussi ! J'ai nom Myrtil.

— « Mon nom, lui dis-je, est Rose-Rose,

— « Et, dans l'instant, nos jeunes fronts

« Furent, ainsi que nous serons.

« Couronnés de myrte et de rose.

« En me voyant si belle ainsi,

« Et lui plus beau que la lumière,

« Je donnai mon amour première

« Au beau Prince que j'ai choisi. »

Songe alors n'était pas mensonge,

Car Myrtil eut, de son côté,

Comme on l'a depuis rapporté,

Cette même nuit même songe :

Il vit, dans le même moment,

Au même lieu, sa même image
A Rose-Rose rendre hommage,
Et lui faire même serment,
Dans ce même Castel de cire
Où, sans penser au lendemain,
Rose avait bien promis sa main,
A n'en douter, à ce beau Sire.

Et Rose dit en même temps :
— « Allez vite, Abeilles fidèles.
« Vite autant que vous aurez d'ailes.
« Dire à Myrtil que je l'attends!
« Allez du couchant à l'aurore,
« Et ne revenez pas sans lui;
« Allez, et dites à celui
« Que j'aime, au pays que j'ignore,
« Lorsque vous l'aurez rencontré,
« Qu'approuvée ou que combattue,
« Toute de blanc ainsi vêtue,
« En ce Castel je l'attendrai
« Chaque jour, à cette même heure,

« A chaque aube que Dieu fera,

« Et que, s'il faut, l'on m'y verra

« Venir jusqu'au jour que je meure ! »

.

.

III

COMMENT LES ABEILLES ENTREPRIRENT UN LONG VOYAGE
ET COMMENT ROSE-ROSE ATTENDIT LEUR RETOUR

On ne pouvait pas, en effet,

Contredire en cette occurrence,

Car il n'était pas même en France

De Prince en tout point si parfait :

Et les Abeilles, à l'entendre,

D'une part avaient approuvé

Tout ce que Rose avait rêvé

De beau, de sincère et de tendre,

Mais, d'autre part, le pire était
Que par mainte et mainte contrée
Elles la savaient séparée
De Myrtil, et qu'il habitait
Au delà des terres connues,
En des pays si fort distants,
Qu'il leur faudrait bien bien longtemps
Avant que d'être revenues.
Car le monde est grand, ce dit-on.
Pourtant, nos bonnes confidentes,
Quoique très sages et prudentes,
N'objectèrent rien sur ce ton,
Sachant que l'amour ne raisonne
Et n'en veut qu'à son bon plaisir,
N'ayant le goût ni le loisir
De croire ou d'entendre personne.
— En rien donc ne contrariant
Son dessein, l'ambassade ailée
Après s'être au ciel assemblée,
Tourna son vol vers l'Orient :
Elle allait si fort admirée,

Comme un globe d'or dans les cieux.
Et paraissait à tous les yeux
Si prompte, si belle et dorée,
Que telle ambassade, je crois,
N'alla du Louvre ou de Versailles
Négocier les fiançailles
D'aucune fille de nos rois !

Rose ainsi fit qu'aux messagères
Elle avait dit qu'elle ferait ;
Chaque jour, elle se parait
D'étoffes blanches et légères ;
Les myrtes aux roses mêlés
Ceignaient son front, et sûre d'elle
Et de son bel amour fidèle,
Malgré bien des jours écoulés
Dans l'attente et la solitude,
En son Castel, chaque matin,
Elle attendait l'époux lointain
Sans trouble et sans incertitude.
Et tel était son sentiment

Et sa foi, que la longue attente
Ne la rendait que plus constante,
Et que l'on admirait comment
Sa magnifique indifférence
Mettant la Cour en désarroi
Déconcertait maint fils de Roi
Venu dans une autre espérance,

Son Père était tout déconfit
Et le pauvre homme en cette affaire
Ne savait vraiment plus que faire :
Et que vouliez-vous bien qu'il fît ?
Larmes, prières, étaient vaines ;
Et ce fut tout de même en vain
Qu'il s'enquit d'un fameux devin
Et qu'il ordonna des neuvaines.
Rose n'entendait pas raison.
Et revenait, sans être lasse,
Chaque jour à la même place
Consulter le pâle horizon
Dès l'aube. — Et la belle songeuse

Ne songeait à rien qu'à l'amant,
Que lui ramenait sûrement
Son ambassade voyageuse.

❦ IV ❦

COMMENT MYRTIL FIT A TRAVERS LE MONDE UN VOYAGE MERVEILLEUX QUI DURA CENT ET CINQUANTE ANNÉES.

Myrtil s'était mis en chemin,
Guidé par les bonnes Abeilles.
Lorsqu'il les eut de ses oreilles
Ouï, comme en langage humain,
Qui contaient l'histoire suivie
De son beau songe trait pour trait,
Et comment Rose l'attendrait

S'il le fallait, toute la vie,
Aussitôt le Prince amoureux,
Malgré tout le noble entourage,
Qui ne craignait que son courage
En ce départ aventureux,
Prit une belle et bonne armée
Et se mit en marche à travers
Tant et tant de peuples divers,
Pour retrouver sa bien aimée,
Qu'il n'est Monarque ou Conquérant
Qui, pour de moins belles victoires
Et des travaux moins méritoires,
N'en ait reçu le nom de Grand.

L'Amant, dont la fortune heureuse
N'avait que des coups surprenants,
Par les mers et les continents
Promenait sa gloire amoureuse.
— Mais, si je tire du récit,
Dont j'ai suivi le commentaire,
Qu'il venait du bout de la terre,

Notre monde se rétrécit

Et n'a plus la même apparence ;

Car, outre les pays connus

Dont bien des gens sont revenus,

Tels que Chine, Inde, Égypte et France,

Il avait encor parcouru

Bien des mers depuis ignorées

Et de fabuleuses contrées

Qui de ce monde ont disparu :

La mer où chantaient les Sirènes

Et les vallons mélodieux

Peuplés de Héros et de Dieux

Encor chers aux Muses sereines.

Le jardin d'Eden, où tomba

Adam et la race insoumise

Des hommes, la Terre Promise

Et le Royaume de Saba,

La côte d'Ophir et, près d'elle,

L'or en montagne accumulé,

Le Venusberg, l'ile Thulé,

Où mourut le Vieux Roi fidèle,

Et les terres des Paladins,
Et la Forêt où j'imagine
Que vivaient Morgane et Brangine,
L'Ile d'Armide et ses jardins
Avant Renaud et la Croisade,
Et tout l'Orient enchanté,
En mille et une nuits conté
Par la bonne Schéhérazade :
Et Myrtil allait à travers
Le monde, entrainant à sa suite,
En son amoureuse poursuite,
Tous les peuples de l'Univers !
Car les Abeilles étaient Fées,
Et, dès que son glaive avait lui,
Les rois vaincus dressaient pour lui
Des colonnes et des trophées.

Si le voyage fut si grand
Que je n'ai pu faire le compte
Des merveilles qu'on en raconte,
Je puis, du moins, en comparant

Les dates qui m'en sont données,

Conclure que, pour parcourir

L'Univers et le conquérir,

Il mit cent et cinquante années. *

                        V

COMMENT MYRTIL VIT LE PETIT CASTEL DE CIRE ET LES ADMIRABLES CHANGEMENTS QUI S'ÉTAIENT FAITS DANS LA NATURE DU JARDIN

Il est clair qu'un si grand concours

De peuples en tel équipage

Ne se meut point sans grand tapage.

Donc, par les chemins les plus courts,

* Ce calcul est insuffisant,
  Car alors la belle durée
               Des longs ans était mesurée
               Autrement qu'elle est à présent.

                          (Note de l'auteur)

Tous les courriers de la frontière
Revenaient en hâte, annonçant
A Rose qu'un Roi tout Puissant
Avait conquis la terre entière
Et n'avait plus qu'à conquérir
Ce seul royaume, en telle sorte
Que son armée était si forte,
Qu'il entrerait sans coup férir.

Rose ouït ce préliminaire
Comme Reine, sans s'émouvoir,
Ayant hérité du pouvoir
De son père mort centenaire,
(On vivait très vieux en ce temps).
Mais l'on s'étonnait que la Reine
Demeurât d'humeur si sereine
Devant ces périls éclatants.
Or, sans vous creuser la cervelle,
Vous avez deviné comment
Rose ne s'émut nullement
En entendant cette nouvelle,

Car vous pouvez vous figurer

Que quelque Abeille avant-coureuse

Avait dit à notre amoureuse

Plus que de quoi la rassurer.

La Mouche-Fée, à son oreille,

Comme une clochette d'or fin,

Sonna si doucement, qu'enfin

Rose n'eut joie autre ou pareille.

Comme moi, vous pouvez déjà

Conclure de cette arrivée

Que, dès que l'aube fut levée

Dans le ciel et se propagea,

Myrtil avait quitté sa tente,

Et précédé du bel Essaim

Qui le servait en son dessein,

Poursuivait sa course constante,

Et cela de telle façon,

Que Myrtil, comme je vais dire,

Vit le Petit Castel de cire

Dont notre Essaim fut le maçon.

Toutes choses étaient changées

Sinon de lieu, du moins de fait :

Les mêmes lilas, en effet,

Et les buis en belles rangées,

Avec l'âge étaient devenus

Si grands, si grands, que les grands chênes,

Que l'on voit aux forêts prochaines,

N'étaient que brins d'herbe menus,

Et que les reines marguerites,

Ainsi que les jeunes rosiers,

Abeilles, où vous vous posiez,

Sans rien perdre de leurs mérites,

Etaient en telle floraison,

Qu'en une rose, n'en déplaise,

Rose aurait dormi mieux à l'aise

Qu'en son lit, par comparaison.

Et l'odeur fraîche et pénétrante

De tant de parfums, dit l'auteur,

Avait fait une eau de senteur

De l'onde unie et transparente

Du lac, qui s'était tant porté

Hors de ses bornes naturelles,

Que ses eaux pouvaient bien entre elles

Couvrir notre monde habité.

Car toutes choses, au contraire ·

De s'enlaidir, avaient été

Vieillissant en telle beauté

Qu'il est malaisé de pourtraire

Les admirables changements

Qui s'étaient faits dans la nature

Du jardin qu'avaient, en peinture,

Montré deux songes si charmants.

⋗ VI ⋖

COMMENT LES COLOMBES BLANCHES ACCOMPAGNÈRENT
ROSE-ROSE JUSQU'AU CASTEL DE CIRE ET
COMMENT MYRTIL L'Y REJOIGNIT.

Si la blancheur est un des signes
De la vieillesse, je dirai
Que les Biches au poil doré,
Les Tourtereaux bleus et les Cygnes
Plus noirs alors que les corbeaux,
Si j'en crois l'auteur que je cite,
Étaient en ce merveilleux site
Si blancs de vieillesse et si beaux,
Que de race en race engendrée
Jusqu'à leurs derniers rejetons,
Aux pays que nous habitons
Leur blancheur en est demeurée.
C'est seulement depuis ce temps
Que nous voyons le blanc plumage
Des colombes au doux ramage,
Biches blanches et merles blancs.

Quoi qu'il soit de cette origine,
Vous eussiez vu là ce matin
Les belles brouteuses de thym,
Plus blanches que l'on n'imagine,
S'arrêter de brouter pour voir
Passer la blanche fiancée
Grave et dès longtemps exercée
Au long amour de son devoir :
Tandis que la troupe fidèle
Des colombes allait volant
Jusqu'au Castel, et s'emmélant
Par couple léger autour d'elle.
Car les colombes, par milliers,
Que ce bel amour intéresse,
Escortaient leur bonne maîtresse
A ses rendez-vous journaliers.

Vous dirai-je encor davantage ?
Si d'une part les verts ormeaux
Et les cèdres aux noirs rameaux,
A mesure de leur grand âge,

Avaient poussé leur front serein
Et leur taille extraordinaire
Bien haut au dessus du tonnerre,
D'autre part, l'effort souterrain
De leurs racines biscornues,
Travaillant la colline, avait
Fait que le Castel se trouvait
Comme un temple parmi les nues.
Et ce n'était plus comme avant
Colline humble, pente et mi-côte,
Mais pic d'azur, montagne haute
Où ne peut atteindre le vent.
L'accès au Prince en fut facile,
Soit qu'alors un char enchanté
Ou quelque autre engin l'ait porté
Auprès de Rose en cet asile
D'amour, de gloire et de repos,
D'où l'on voyait par les vallées
Dix mille villes assemblées,
Comme en leurs parcs, de blancs troupeaux,
Les mers et les eaux miroitantes,

Et les moissons et les forêts,

Et sur cent mille arpents, auprès

Du lac profond, cent mille tentes !

✍ VII ✍

COMMENT ROSE-ROSE ACCUEILLIT MYRTIL ET DU DISCOURS
QU'ELLE LUI TINT

Myrtil s'avançait au milieu

Des Colombes, parmi les nues,

Et des Abeilles revenues

De leur voyage en ce haut lieu,

D'où Rose eut le monde en offrande.

Mais cette fois le Conquérant,

Au monde même indifférent,

Trouve enfin que la terre est grande

Assez, puisqu'il a retrouvé
Rose-Rose et son doux sourire,
Et, tel que je l'ai pu décrire,
Le Castel qu'il avait rêvé.
Et comme il déposait son glaive
En s'agenouillant sur le seuil,
Rose s'en vient lui faire accueil
De ses deux bras et le relève :

— « Heureux le jour où je te vois,
« Myrtil, heureuses les années
« Qui rassemblent nos destinées! »
Dit-elle. Et le son de sa voix,
Limpide comme une fontaine,
Est frais comme les belles eaux
Où viennent boire les oiseaux
Après une course lointaine.
« Heureux le songe où je t'ai vu!
« Et vous, compagnes dévouées
« De son retour, soyez louées,
« Abeilles, pour avoir pourvu

« De tant d'honneur son beau courage,

« Et pour me l'avoir ramené

« Aux lieux où notre amour est né,

« Dans le premier temps de notre âge.

« Cher époux, tu m'es donc rendu,

« Mais je n'eus que joie à t'attendre,

« Puisque je t'ai d'un cœur plus tendre,

« En toute assurance, attendu :

« Et cette assurance était telle

« Et me faisait vivre si fort

« Que j'eusse attendu sans effort

« Jusqu'à devenir immortelle !

« Non, non, les ans n'ont apporté

« A notre amour aucun dommage,

« Amour a toujours le même âge,

« Et t'ai-je seulement quitté !

« Car, malgré les longues années,

« Tu vois que sur mon front les fleurs

« Dont nos noms portent les couleurs,

« Ne sont point seulement fanées.

« Viens, Myrtil, donne-moi la main.

« Et bien que ta vertu connaisse

« L'arche d'amour et de jeunesse,

« Je veux te montrer le chemin,

« Et comment en notre demeure

« Pour nous un même trône est prêt

« Où j'avais dit qu'on me verrait

« Venir jusqu'au jour que je meure ! »

Et sur leur trône radieux

Ils furent, comme deux statues

Augustes et de blanc vétues,

Comme on imagine les dieux

Auprès des Déesses insignes :

Et leurs cheveux en s'argentant

Étaient devenus blancs autant

Que les colombes et les cygnes :

Car, puisqu'il faut vous dire tout

En un mot, sachez, je vous prie,

(Bien qu'un miracle de féerie

Eût été bien mieux de mon goût)

Que l'âge en cette conjoncture

Avait de même, paraît-il,

Rendu Rose-Rose et Myrtil

Aussi vieux qu'était la nature.

Oh ! que s'il m'eût été permis,

Ainsi qu'aux poètes antiques,

De créer des dieux authentiques,

Je les eusse en un temple mis

Parmi les plus touchants exemples

D'amour et de fidélité,

Chacun contre l'autre accoté,

Sous un dais de pourpre aux plis amples,

Tels quels avec leurs blancs habits

Ainsi qu'avec les myrtes pâles

Changés soudain en fleurs d'opales

Parmi des roses de rubis :

Car en même temps leurs prunelles

Et leur sourire, en vérité,

Avaient pris l'immobilité

Qui n'est qu'aux choses éternelles !

De cela, vous ne doutez pas,

Comme il apparaît, ce me semble,

Qu'ils étaient réunis ensemble

Et passés de vie à trépas,

Dans le petit Castel de cire

Qui devint ainsi leur tombeau :

Et leur sort m'a paru si beau,

Qu'il m'a plu de vous le décrire.

ᵉᔰ VIII ᘒᵉ

COMMENT LES ABEILLES CHANTÈRENT, CE QUE L'AUTEUR
EXPOSE EN MANIÈRE DE CONCLUSION

Le vieux conte que j'ai suivi,

Dit encore, entre autres merveilles,

Que sur ce les bonnes Abeilles,

S'empressant toutes à l'envi,

De miel et de cire embaumée

Vinrent murer le monument

Où notre glorieux amant

Dormait avec sa bien-aimée;

Et que notre Essaim tout autour

De cette belle sépulture,

Dont il avait clos l'ouverture,

Forma jusqu'au déclin du jour

Des chants faits de si doux bruits d'ailes,

Qu'il était plus croyable encor

Qu'il célébrât les noces d'or

Des Epoux à jamais fidèles.

LES DEUX TALISMANS

LES

DEUX TALISMANS

COMMENT LA FÉE ARBIANNE AVAIT DEUX AMANTS

La Fée Arbianne avait deux talismans :
Un Casque d'or qui rendait invisible,
Et, d'autre part, une Épée invincible.
Arbianne avait de même deux amants.

Si je l'en blâme, au moins que l'on m'accorde,

Au lieu d'aller se creuser le cerveau,

Qu'en avoir trois chez nous n'est pas nouveau,

Et qu'aux beaux luths, il n'est point qu'une corde.

Son choix ne fut ni bas ni hasardeux :

Tous deux étaient fils de Roi, dit le conte.

Elle donna l'Épée à l'un pour compte,

Le Casque à l'autre, et les aima tous deux.

— De garde au pied de sa tour d'émeraude,

L'un de l'Épée allait tout pourfendant,

Monstre, dragon, harpie et prétendant,

Et la gardait, en se gardant de fraude.

— L'autre invisible allait surprendre ainsi

La Fée à point en son bain d'eau de rose,

Et, comme on dit, ce ne fut point en prose

Qu'il lui conta son amoureux souci.

MORALITÉ

L'amant au Casque est l'amant qu'on préfère :
Et je déduis d'Amour et de ses lois,
Que vaillants coups d'épée et beaux exploits
Ne valent pas prudence et savoir faire.

MULOT

ET MULOTTE

MULOT

ET MULOTTE

I

COMMENT MULOT ET MULOTTE REÇURENT DANS LEUR CABANE UNE VIEILLE HORRIBLE

Deux vieux époux, pauvres et gens de bien,
Vivaient du temps de ma Grand'Mère l'Oie,
Comme beaucoup des héros que j'emploie.
Ils se nommaient, si je me souviens bien,

L'homme **Mulot** et la femme Mulotte.

Tous deux étaient couchés dans le moment,

Et, dans leurs lits, ils dormaient chaudement :

Vieil amour même empêche qu'on **grelotte**.

Cette remarque est ici de saison ;

La neige avec la bise faisait rage

Tant et si bien, qu'en cette nuit l'orage

Menaçait fort d'emporter la maison.

Je dis maison, je veux dire cabane,

Car au maçon, qui n'usa de cordeau,

Il ne fallut qu'un peu de terre et d'eau,

Non plus de bois que la charge d'un âne.

Comme ils dormaient, une Voix appela,

Une et deux fois, puis trois, de telle sorte

Qu'il était clair que quelqu'un à la porte

Demandait aide.

　　　　— « Eh ! Parbleu, me voilà ! »

Fit le bonhomme, en quittant sa paillasse.

Et rien n'est plus cruel que lorsqu'il faut

Quitter ainsi pour l'air froid le lit chaud.

En aurions-nous fait autant à sa place?
— « Oh! Pour l'amour de Dieu! » demandait-on
D'une voix douce autant que douloureuse.

Mulot ouvrit.

           Mais une Vieille affreuse
Entra :

           La voix, du coup, changea de ton.
— « Fort bien ! » dit-elle.

                 Elle était secouée
De fièvre ensemble et de froid, les pieds nus,
Et puis lépreuse, à des signes connus,
Car elle avait une voix enrouée
Comme ont les chiens après de longs abois,
La face ardente avec les chairs putrides,
L'œil clair dans l'ombre, et sur la peau des rides
Rêches autant que l'écorce du bois.
Vous auriez eu la preuve à voir sa mine,

Ses yeux méchants et ses ongles crochus,

Que pour bons cœurs il n'est gens si déchus,

Puisqu'en pitié l'on prit cette vermine

Et que nos gens la mirent en leur lit.

Mulot jeta dans l'âtre une bourrée,

Donna le linge, et Mulotte affairée

Eut du courage aux soins qu'elle accomplit.

II

COMMENT CETTE VIEILLE ÉTAIT UNE BELLE FÉE, ET COMMENT
ELLE OFFRIT DE DONNER A MULOT ET A
MULOTTE RICHESSES ET HONNEURS

Comme on lavait cette triple Mégère

Voilà-t-il pas que, sans désemparer,

Elle en vient toute à se transfigurer,

Tant qu'en beauté le Conteur n'exagère,

Et qu'elle en a blonds cheveux à monceaux,
Les traits charmants, les chairs amignonnées
Comme au matin des roses fleuronnées,
Et les yeux bleus du bleu profond des eaux.
— D'un trait à l'autre on ne vit le passage —
Et puis drap d'or, taffetas et satin,
Couleur d'iris et couleur du matin
Lui font gentils cotillon et corsage.
Elle sauta du lit pour mieux causer,
Ayant un astre au front, qui l'illumine.
Lors elle était de si gentille mine,
Qu'il eût fallu le Roi pour l'épouser !

C'était alors une ordinaire chose
Que Fée errante et Fantômes changeants :
Aussi ni l'un ni l'autre de nos gens
Ne s'étonna de la métamorphose.

— « Ami, je suis satisfaite de vous, »
Leur dit la Fée ; et sa voix naturelle
Etait ainsi qu'un chant de tourterelle,

Et son sourire encor était si doux,

Que nos bons vieux en furent vite à l'aise.

— « Ça, faites-moi de grands souhaits, je veux

« En un moment accomplir tous vos vœux, »

Reprit la Fée.

MULOT

« Eh! ne vous en déplaise,

« De votre part, c'est bien de la bonté.

LA FÉE

« Dis, que veux-tu pour bonne récompense?

MULOT

« Dam! rien.

LA FÉE

« Quoi! rien?

MULOT

« Rien du moins que je pense. »

LA FÉE

— « Oh ! oh ! Le cas est rare en vérité,

« Et je vois bien qu'il faut que je vous aide.

— « Et je sais trop, se dit-elle en songeant,

« Par où le prendre : il n'est souci d'argent

« Que l'homme riche ou pauvre ne possède. »

Et ce disant la Feé avait raison :

Dépense induit en nouvelle dépense.

Richesse autant que misère dispense

D'avoir un sou vaillant à la maison.

LA FÉE

« Ami Mulot, veux-tu devenir riche

« A ton souhait ?

MULOT

       « Et ne le suis-je pas ?

« Ma femme et moi faisons nos deux repas,

« Ma belle Dame, et mon bien n'est en friche.

« J'ai pour ma vache assez de foin fauché,

« Mes trois pommiers emplissent dix corbeilles.

« Je mouds vingt sacs de seigle, et les abeilles

« Valent, par an, deux écus au marché.

« Je puis encor tous les jours de l'année

· — Sans vous fâcher — donner aux pauvres gens,

« Clercs en voyage ou moines indigents,

« L'aide du ciel que je vous ai donnée.

LA FÉE (à part.)

— « Le Roi toujours n'eut si bon compagnon,

« Et noble cœur fait souche de noble homme.

« Mulot, ma foi ! serait bon gentilhomme.

« On en a vu bien d'autres : pourquoi non ?

(S'adressant à Mulot.)

« Maitre Mulot, veux-tu que je te fasse

« Seigneur céans, écuyer ou baron ?

« J'attacherai moi-même l'éperon.

« Tu prendras nom Mulot de Bonne-Face ;

« Et tu pourras porter en mon honneur

« Le champ d'azur de mon blason de Fée

« Dragon d'argent et colombe coiffée.

« Et si sur ce quelque beau raisonneur

« Vient à gloser, il l'ira dire à Rome ! »

MULOT

— « Je suis certain, belle Dame, à vous voir

« Que vous avez magnifique pouvoir

« Et ne voulez vous rire d'un pauvre homme.

« Mais, voyez-vous, honneurs sont dangereux.

« L'autre semaine en notre voisinage

« Un vieux Seigneur, à peu près de mon âge,

« Fut bien occis aux croix du chemin creux.

« Il fut, pourtant, charitable en sa vie,

« De bon esprit comme de bon aloi.

« Je ne pourrais, en mon nouvel emploi,

« Non mieux que lui, me garder de l'envie.

« Car je ne suis bien savant ni bien fort,

« Et n'eus jamais encrier ni rapière.

« Et sans compter que mon cousin Grand-Pierre

« Se gausserait certe, et n'aurait pas tort. »

➴ III ➶

COMMENT LA FÉE VOULUT RENDRE A MULOT ET A MU-LOTTE LA JEUNESSE, ET DE LA BONNE ODEUR DE LILAS QUI SE RÉPANDIT DANS LA CABANE

Quoiqu'un peu sotte en toute cette affaire,
La bonne Fée eut le cœur de chercher
Quel nouveau don le pourrait bien toucher
Et quel grand bien elle lui pourrait faire :
Et tout à coup elle lui demanda :

— « Aimes-tu bien ta femme?

MULOT

              « Il n'est, pardienne!
« Bonne besogne encore que la sienne.

LA FÉE

« Et l'as-tu bien toujours aimée?

MULOT

                              « Oui-da !

« Je m'en souviens, elle était de votre âge,

« C'était le mois qui suivit la moisson,

« Il se peut bien alors qu'un bon garçon

« Fasse sa cour sans manquer à l'ouvrage.

« Et, sans avoir le teint que vous avez,

« Elle était bonne et belle à sa manière

« Et fraîche ainsi qu'une fleur printanière.

« Bref, en deux mois nous étions arrivés

« (Nous connaissant déjà de longue date)

« A nous aimer. Si bien que les voisins

« En me voyant ramener ses poussins,

« Fendre le bois et lui porter sa jatte,

« Disaient : — A quand la noce et le repas ?

« Quoique la chose encor ne fût pas faite,

« Car les parents sont toujours de la fête.

« Et cependant ils ne se trompaient pas.

« J'étais un gars de quelque économie,

« Et je sus bien, le jour qu'il en fut temps,

« Aller quérir vingt bons sous d'or comptants

« Pour les bailler aux parents de ma mie.

« Et depuis, dam! j'ai semé notre blé,

« Et nous avons vécu toujours ensemble.

« N'est-ce pas tout vous dire, ce me semble?

« Le temps, ainsi que l'eau coule, a coulé. »

— « Maître Mulot, » lui dit la bonne Fé ,

— Et dans l'instant, le vent de renouveau

Qui remplit l'air vous eût pris le cerveau,

Comme un parfum de lilas par bouffée. —

« Maître Mulot, veux-tu redevenir

« Jeune, et revivre une jeunesse telle

« Avec Mulotte? — Et Mulotte veut-elle

« En même temps que Mulot rajeunir?

« Parle, Mulot, — et parle aussi, Mulotte ;

« Car jusqu'ici tu n'as beaucoup parlé,

« Et Fée ou femme, en notre démêlé,

« N'eût pas manqué de porter la culotte. »

Mulotte, ainsi qu'elle eût fait à vingt ans,

Baissa les yeux ; car, pour femme soumise,

Parler devant son homme n'est de mise :

L'exemple est bon aux femmes de tous temps.

Et Mulot dit :

— « Si ma pensée est nette,

« Respect gardé, pourtant je ne puis point

« Vous satisfaire encore sur ce point

« Non plus que faire une réponse honnête.

« Excusez-en, Madame, un vieux barbon.

« Vivre deux fois est-il un avantage,

« Et si je fais peau neuve en mon grand âge,

« Serais-je bien Mulot pour tout de bon ?

« L'homme se prend aux ruses qu'il machine,

« Et je préfère encor ne rien changer.

« Bon bûcheron n'a son fagot léger,

« Et les ans lourds, qui me courbent l'échine,

« M'ont plu comme un fagot à fagoter.

« Et bien qu'encor la charge soit pesante,

« Je crois qu'avec Mulotte, ici présente,

« Nous viendrons bien à bout de la porter.

« Votre bonté passe en tout mon envie,

« Et pour ma part j'ai le sens trop étroit

« Pour être induit à tenter par surcroît

« Le sort chanceux d'une seconde vie. »

COMMENT LA FÉE EN BONNE PERSONNE BUT ET MANGEA
AVEC MULOT ET MULOTTE

Le Conteur dit que l'on ne poussa pas,

Et que la Fée était bonne personne.

— « Chacun, dit-elle, à sa mode en raisonne,

« Ami Mulot. Vous êtes, en tout cas,

« De braves gens, — le reste vous regarde. »

Puis, honorant Mulot comme il voulait,

Elle trempa du pain bis dans du lait
Et but avec nos bons vieux.

Dieu les garde !

LE PRINCE AZUR

LE

PRINCE AZUR

COMMENT GENEVIÈVE ATTENDAIT LE PRINCE AZUR, ET
DE LA MORALITÉ GÉNÉRALE QUE CHACUN PEUT
TIRER DES CONTES DES FÉES

Geneviève a quinze ans. Elle aime les étoiles :
A l'heure où l'araignée aux herbes tend ses toiles.
Le bois devient pour elle un lieu d'enchantement :
La nuit s'emplit de Voix magiques. Par moment,
L'effroi surnaturel des choses l'enveloppe :

Elle frémit ainsi qu'une blanche antilope

Qu'émeut l'errant amour de son époux lointain.

Elle a dans sa main frêle une branche du thym,

Et dans ses cheveux noirs des fleurs de renoncule.

Sous la lune, en un pâle et moite crépuscule,

Confiante, elle attend que quelque char ailé

L'emporte doucement vers le ciel étoilé,

Et croit, sitôt qu'un souffle anime les broussailles,

Que le beau Prince Azur vient pour des fiançailles ;

Mais craintive pourtant du Prince ravisseur,

Comme pour se garder, joint les mains sur son cœur.

Garde, garde ton cœur, ô petite amoureuse !

Et crains que le grand mal d'aimer, un jour, ne creus

Un amer et profond sillon sous tes beaux yeux :

Victime dévouée à l'Amour soucieux,

Crains, trop aimante enfant, que, dans ton choix peu sûr

Tu ne joignes les mains, un jour, sur la blessure
Que te fera de tous le seul qui t'aura plu,
Mais qui n'était pas tel que tu l'avais voulu !

ÉPILOGUE

EPILOGUE

La ruse n'en n'est pas nouvelle :
— Le vieux Conteur que j'ai cité
N'a jamais encore existé
Autre part que dans ma cervelle.
Tout ce que je vous en ai dit
Est pour donner à chaque conte
Que j'invente et que je raconte
Plus de force et plus de crédit.
Je connais la nature humaine,

Et sais qu'un poète inconnu
N'en serait autrement venu
˙A vous mener où je vous mène.

9 *novembre* 1880.

NOTE

NOTE

Jamais amour n'a pu mieux s'exprimer
Qu'en quatre mots que je cite à mon aise,
Et j'aime fort la Dame Lyonnaise
Qui fit ce vers comme elle sut aimer !
— Pour le plaisir d'écrire œuvre si belle
Je veux citer tout entier le sonnet.
— N'aimez la Dame autrement si ce n'est
De tout l'amour que je me sens pour elle.

SONNET

Oh ! si j'étais en ce beau sein ravie
De celui-là pour lequel vais mourant,

Si avec lui vivre le demeurant

De mes courts jours ne m'empêchait envie.

Si m'accolant, me disait : Chère Amie,

Contentons-nous l'un l'autre, s'assurant

Que ja tempête, Euripe, ni courant

Ne nous pourra desjoindre en notre vie,

Si de mes bras le tenant accolé,

Comme du Lierre est l'arbre encercelé,

La mort venant, de mon aise envieuse :

Lorsque souef plus il me baiserait,

Et mon esprit, sur ses lèvres fuirait,

Bien je mourrais, plus que vivante, heureuse.

1. Cf. Œuvres de Louise Labé, Lyonnaise, Sonnet XIII

TABLE

TABLE

INTRODUCTION 5

LE ROSIER ENCHANTÉ 9

BELLE-MIGNONNE 17

SAUGE-FLEURIE 35

LES TROIS PETITES PRINCESSES 47

LE PETIT CASTEL DE CIRE 53

LES DEUX TALISMANS 85

MULOT ET MULOTTE 93

LE PRINCE AZUR 109

ÉPILOGUE . . . . , ... 115

NOTE 119

TABLE 125

IMPRIMÉ

PAR

J. MERSCH ET Cie

A

PARIS

www.ingramcontent.com/pod-product-compliance
Lightning Source LLC
Chambersburg PA
CBHW051728090426

42738CB00010B/2140